KAE TEMPEST

DIVISIBLE ENTRE SÍ MISMO Y UNO

Divisible by itself and one
Traducción de VIOLETA GIL

aRREBATO **l**IBROS

1.ª edición, mayo de 2024

ISBN: 978-84-19753-36-6
D. L.: M-12096-2024

Título original: *Divisible by Itself and One*

Publicado por primera vez en Reino Unido en 2023 por Picador.

de la edición española, arrebato libros, 2024
c/ La Palma, 21. 28004, Madrid
www.arrebatolibros.com · arrebato@arrebatolibros.com

de la traducción, Violeta Gil

Diseño gráfico: Alonso & Moutas
Corrección: JA Fernández

Este libro está compuesto integramente con la familia tipográfica *Boogy Brut*, una colaboración entre Boogy Paper and Bureau Brut publicada entre 2020 y 2022. La tipografía de cabeceras y nombre de Kae es *British Inserat* de Mecanorma.

Hecho en Malasaña – Madrid

AGRADECIMIENTOS

Estos poemas no habrían visto la luz del día sin el
ánimo y el apoyo de DON PATERSON; gracias, Don, por
prestarme tus oídos en esta última década. Has sido
un gran profesor para mí. Gracias a COLETTE BRYCE y
a REBECCA THOMAS. Y gracias a todes los bichos
raros que hacen el mundo soportable. Mi hermosa
comunidad. Os quiero mucho.

it is beginning, just fingerings
At my knots,
Then will come rippings, and drenchings of
world-light

And my naked joy
Will be lifted out with shouts of joy –

And if that is the end of me
Let it be the end of me.

Fragmento de *Orts*, TED HUGHES

DIVISIBLE
ENTRE SÍ
MISMO
Y UNO

DIVISIBLE
BY ONE
AND
ITSELF

Secuencia

De noche, una calle vacía junto a las vías,
Las palomas iluminadas picotean huesos tirados,
Casas bajas juntas como en un retrato
De familia. Una furgoneta destartalada, la música
Altísima. Risas borrachas en el interior.
Una mujer salta fuera con la maleta a rebosar
Les dice adiós. Se detiene ante su puerta
Busca una luna que no puede ver. Ojos
Nublados. Le pesan los buenos tiempos en la espalda.
Caras alargadas, como en un espejo de feria.
Allí, en el quicio, la desborda la
Sensación de que ella no es otra cosa que una secuencia
De eventos que recuerdan de forma distinta
Quienes los vivieron. De lo que no se da cuenta
Es de la fila de siluetas que, detrás de ella,
Levantan la mano derecha cuando ella levanta
Su mano derecha y dan una patada con la pierna izquierda cuando
Ella da una patada con su pierna izquierda. Cuando alza la voz
A un gran poder en el que aún no cree
Y pide una oportunidad, todas alzan sus
Voces en un coro solemne detrás de ella.

Sequence

Empty street beside the railway at night,
Spot-lit pigeons pecking at dropped bones,
Low houses lean in like a family
Portrait. Clapped-out van pulls up, the music
Playing loud. Drunken laughter from inside.
Woman clambers out with swollen suitcase
And goodbyes them all. She stops at her door
Looks up for a moon she can't see. Her eyes
Rank milk. The good times cling to her shoulders.
Long features, like a stretched mirror.
There, on the doorstep, she has the flooding
Sense that she is nothing but a sequence
Of events remembered differently by
Everyone involved. What she does not sense
Is the queue of silhouettes, stood behind,
Who pick up their right hands when she picks up
Her right hand and kick out their left legs when She
kicks out her left leg. When she calls out
To a great power she does not yet believe in
And asks to be opened, they raise their
Voices in solemn chorus behind her.

Cuerpo

Tal como ella lo veía, tenía derecho a odiarlo.
Vaqueros anchos, camisas hasta las rodillas
O tops tan cortos que no podía caminar erguida.

Voces adultas atravesaban la calle: Chica, te vas a helar.
Pálidos vecinos, sus vidas pura rutina,
Vigilaban cuando ella pasaba, haciendo sus llaves sonar.

Le gustaba cuando dolía. Le gustaba jugar sucio.
Le gustaba llegar hasta donde nadie más iría.
Le gustaba no recordar dónde había ido.

Más tarde, en casa, se quedaba mirando el agua correr
Y respondía a lo que le preguntaban sin palabras.
Algunas cosas es mejor recolectarlas antes de que puedan crecer.

Se agarra la grasa de la tripa. Le duele.
Le gustaría cortarse las caderas.
En lugar de eso, va a trabajar, saluda a los pájaros.

Llueve a cántaros, se le rompe el último cigarrillo.
Chocolate caliente en una taza grande, a sorbitos.

***

Junto a los acantilados, con su chica en el regazo.
Todo el día para amar. Miran las copas de los árboles que flotan.
La luz los atraviesa. Absorven la savia.

Body

The way she saw it, it was hers to hate.
Baggy jeans, shirts that came down to her knees
Or tops so short she couldn't stand up straight.

Grown-up voices crossed the street, *girl you'll freeze*.
Pale neighbours, their own lives being routine,
Swivelled when she passed, rattling their keys.

She liked it when it hurt. Liked playing mean.
She liked being where no one else would go.
She liked to not remember where she'd been.

At home later, she watched the water flow
And answered all their questions without words.
Some things are better picked before they grow.

She grabs fistfuls of belly fat. It hurts.
She wishes she could cut away her hips.
Instead, she goes to work, salutes the birds.

Pissing it down, her last cigarette rips.
Hot chocolate in a big cup, tiny sips.

***

Down by the cliffs, her woman in her lap.
All day for loving. Watching treetops float.
Light pushes through them. Sucking at the sap.

La tiza está húmeda. La cueva es una garganta que canta.
Madera esparcida. Sus caras, cuencos de luz.
Navegan sus corrientes. Dormitan y se relamen.

Por fin alcanzan la cima, la mirada brillante,
Sus rodillas aceleran los pedales todo el camino de vuelta.
Una a la otra se persiguen. Las ruedas muerden.

Al atardecer se sientan. El cuerpo de ella es la corona
Que brilla para los amigos que ríen a su lado.
El fuego le devuelve el beso. El sol se pone.

Todo el grupo pone un poco para pastillas y sidra.
Habla en imágenes abstractas, se inclina con suavidad,
Baila hasta que el exterior entra en ella

Por fin, nadie más interviene.
Su cuerpo es solo sonido. No hay significado.

The chalk is damp. The cave a singing throat.
Scattered driftwood. Their faces bowls of light.
They ride each other's currents. Doze and gloat.

They crest the hill at last, their vision bright,
Their knees race the pedals the whole way down.
Reaching for each other. The tyres bite.

Sat around at dusk. Her body's her crown
Shining for the laughing friends beside her.
The fire kisses back. The sun goes down.

Whole crew chipping in for pills and cider.
Talk in abstract image, gently leaning,
Dancing till the outside is inside her

At last, no one else is intervening.
Her body is just sound. Without meaning.

Carretera de montaña a medianoche, Creta

Me interné en la noche
jazmín en el aire.

La oscuridad era una batalla perdida.
Escupió su diente y sonrió.

Mi soledad se alivió
con un cigarrillo lento;

cuanto más intente llenar el vacío
más grande se hará.

Me declaré en
la carretera entre los pinos,

todo temblaba mientras
yo leía entre líneas.

El mantel, las banderas de colores,
la antena, el agujero;

miles de pistas pequeñas que parecen
dispares, se iluminan un instante.

El pavimento, la campana muda,
el cuenco, el palo, la navaja;

Mountain road at midnight, Crete

I headed out into the night
jasmine on the wind.

The dark was like a losing fight.
It spat its tooth and grinned.

My solitude was lifted
by a gradual cigarette;

the more I try to fill the void
the bigger it will get.

I made my declaration on
the road between the pines,

everything was shaking as
I read between the lines.

The tablecloth, the coloured flags,
the aerial, the pit;

a thousand tiny clues that seem
apart, briefly lit.

The paving slab, the silent bell,
the bowl, the stick, the knife;

cada cosa por separado, una célula que forma
el cuerpo de una vida.

Todo habla
solo algunos entenderán

que todo el murmullo y crujido
tiene consecuencias para ellos.

La sostengo a la luz y veo
la belleza en la falla.

Toda ella, viva. Encuentro
la puerta, tiro del pestillo.

Cubierta de noche profunda
el jazmín como un hechizo.

Nuestras vidas penden de cosas concretas;
la cuerda de tender, el pozo.

La puerta rota, el árbol inclinado,
el paso, el golpe, el bloque;

una llama viva que domina
una mecha que desaparece

each separate thing a cell towards
the body of a life.

Everything is speaking
only some will comprehend

that all the murmuring and creaking
is of consequence to them.

I hold it to the light and see
the beauty in the fault.

All of it, alive. I find
the gate, draw back the bolt.

Up to my chest in heavy night
the jasmine like a spell.

Our lives are hung on solid things;
the washing line, the well.

The broken door, the leaning tree,
the step, the tap, the brick;

a living flame that domes around
a disappearing wick

Fiesta, 4 a. m.

Todos tus amigos heteros han tenido niñes
Así que saliste e hiciste nuevos amigues
Pero el problema es que
Todes tus nuevas amigues son *niñes*

Party, 4am

All your straight friends had kids
So you went out and made new friends
But the problem is
All your new friends *are* kids

Ten cuidado de no convertirte en una parodia de ti misme

en el estado en el que estamos qué podemos esperar sino apretones de manos por un lado y puñetazos por el otro trabaja hasta que no quede nada de ti más que arrastrarte hasta el sofá al final del día y gritarle sin palabras a la habitación vacía en la que no vive nadie más que las cosas con las que te conformaste fuma hasta que te desmayes trabajo hecho mientras la nuevas generaciones se ponen la capucha y todas las esperanzas brillantes cantan voy a hacer las cosas de otra manera atravesando los tejados suena como la llamada a la oración y mejor que hagas algo o si no trabaja hasta que no quede nada de ti más que un arrastrarse hasta el tres piezas de cuero pies sobre la mesita de cristal y todas las cositas que hacen que parezca que importaba tenía que importar porque si no qué ha pasado antes había un río aquí un río que fluía y las casas alrededor nuestra ciudad la construimos con lo que habríamos hecho para mantener alejados los problemas ahora el problema es que bebemos zumo de piña con gas en latas de aluminio y las moscas son ruidosas como motos pero que nadie tema porque hay un hombre al timón cuyo pelo es del mismo color que su piel invocando el espíritu de ataque y que nadie tema porque la tecnología quiere que vivamos para siempre pero solo si eres guapo y rico en el estado de internet en el que estamos no volverás a ser joven así que más te vale levantarte y salir ahí fuera besa a tus hijes como tu carne de otra época rápate la cabeza y ve a por ello qué sabes tú de lo que acarreo cada puto día de mi vida esta fosa séptica chupa la voluntad de vivir un minuto sobrio hasta al más fuerte entre nosotres así que no me hables de resiliencia o fortaleza mientras miras por la valla de mi jardín delantero para ver bien en qué caja venía mi tele y cuántas latas han sido esta semana mientras mato mosquitos en mis pantalones cortos de fútbol con el pecho fuera diciendo simplemente quiero hacer arte pues buena puta suerte simplemente quiero conectar con otros seres humanos al menos lo estoy intentando pandilla de cerdos amargados

Be careful that you don't become
a parody of yourself

state we're in what can we expect but hand-wringing on the one side and fist-throwing on the other work till there's nothing left of you but slouch on the sofa at the end of it all and shout no words at the empty room where no one lives but the things you settled for smoke till you pass out job done meanwhile the next generation are pulling their hoods up and all the bright hopes are singing I'm going to do things different ringing out across the rooftops like the call to prayer and you better do something because otherwise work till there's nothing left of you but slouch on the three-piece leather feet up on the glass coffee table and all the things that make it feel like it mattered it had to have mattered because otherwise what happened there used to be a river here flowing river and the houses round it we built our town out of what we would have done to keep the trouble out now the trouble's in we drink carbonated pineapple juice from aluminium cans and the flies are loud as motorbikes but nobody panic because there's a man at the helm whose hair is the same colour as his skin invoking the blitz spirit and nobody panic because technology wants us to live forever but only if you're beautiful and rich on the internet state we're in you're not getting any younger you better get up and get out there kiss your children eat your unfashionable meat shave your head and go get it what do you know of the thing that I carry through every damn day of my life this cess pit sucks the will to live a minute sober out of the strongest among us so don't talk to me about resilience or fortitude while you're peeking over my front garden to get a good look at the box my telly came in and how many cans was it this week clapping mosquitoes in my football shorts with my tits out saying I just want to make art good fucking luck I just want to connect with other human beings at least I'm trying you bunch of sour pigs

En marcha

Me acababa de despertar y ya estaba aquí. Hoy
La ambición furiosa parece absurda.
¿Cómo iba a tener tanto que decir?

Me siento tan desquiciade como el mirlo viejo
Al que miro por las mañanas desde la pila,
En pie desde las cuatro, picoteando la palabra equivocada.

Tiene gracia. Mi memoria está averiada.
Mi mayor deseo es que me dejen a solas.
Intento alejarme al máximo de lo que pienso.

Mi mayor preocupación hoy; cortar el césped.
El cambio de luz me ayuda a controlar el bajón.
Siento que se me han descosido las costuras.

Que los poemas sean las ventanas, no las vistas.
Lo estúpido fue pensar que podía elegir.

***

Acabo de entrar, ahí fuera es el infierno.
El mundo entero interrumpido por la enfermedad.
Lo que era tierra firme ha dado paso al aire.

Como cuando el agua empieza a congelarse.
El silencio de un cambio que no puede negarse,
El acontecimiento que ocurre gradualmente.

Getting on

I just woke up and it was here. Today
The furious ambition seems absurd.
How could it be I had so much to say?

I feel as jagged as the old blackbird
I spend the morning watching from the sink,
Awake since four, pecking at the wrong word.

Funny. My memory is on the blink.
My greatest wish is to be left alone.
I try and stay well back from what I think.

My main concern today; get the grass mown.
The changing light helps me manage the blues.
I feel as if my seams are all unsewn.

Let poems be the windows, not the views.
The stupid part was thinking I could choose.

***

I just got in, it's burning up out there. The
whole world interrupted by disease.
What had been solid ground gave way to air.

The feeling is when water starts to freeze.
The quiet of a change you can't deny,
The happening occurring by degrees.

Fuera el cielo va lento. La hierba está alta.
Pulo el suelo y apenas si digo dos palabras.
Cada movimiento por sí mismo. No hace falta esforzarse.

No se trata de querer que me escuchen.
Estos días se trata de confiar en que salga bien.
Mechones blancos del perro, apartados para el pájaro.

No queda nada ya, pelo para su nido seco.
Paseo por las calles vacías, la mano en el pecho.

***

Nunca atendí mucho a la esperanza,
Hace mucho que mis teclas no están afinadas.
Nunca fui de las que no saben soportar.

Y aún así, sobre la casa, la luna que apunta,
Como si nos hubiera elegido, me siento en unos ladrillos sucios,
O estoy aquí demasiado tiempo o me voy demasiado pronto.

Tus uñas en mi planta y mi pie atrapado.
Saco la pierna, a cámara lenta, de tu trampa.
La parte inferior de tu cuerpo se retuerce y patalea.

Propósitos en terreno desconocido, arrastramos la vieja chatarra,
El camino que encontramos ya lo hemos transitado antes.
Seguimos adelante, segures de que rebatiremos el mapa.

Que los poemas sean la jarra, no lo que viertes en ella.
Estos días sueño con lo justo. Nada más.

Outside the sky is slow. The grass is high.
I sand the floors and barely speak two words.
Each motion for itself. No need to try.

It's not a case of wanting to be heard.
These days, it's more just hoping for the best.
Dog hair in white tufts, left for the bird.

It's all gone now, fur for her scratchy nest.
I walk the empty streets, hand on my chest.

***

I never really paid much mind to hope,
Long time since my pegs were all in tune.
I never was the type who couldn't cope.

Still, right above the house, the pointing moon,
Like it chose us, I sit on dusty bricks,
It's either here too long or gone too soon.

Your nails catch in my soles and my foot sticks.
I pull my leg, slow motion, from the trap.
The low stretch of your body turns and kicks.

Intent on new ground, dragging ancient scrap,
The path we find is one we've walked before.
We forge ahead, sure we'll disprove the map.

Let poems be the jug, not what you pour.
These days I dream of just enough. No more.

Diluvio

¿Qué lugar hay para la esperanza?
Nos preguntamos con nuestros eslóganes colgados al cuello

Noé se apartó del arca
Ahogado en la duda de si sus propias manos podrían hacerla flotar

Flood

What scope is there for hope?
We wonder with our slogans worn like collars at the throat

Noah stood back from the boat
Drowning in the doubt that his own hands could make it float

Juramento

Y ahí fue cuando dios se encontró parade junto a la piedra favorita en la que eva se sentaba. A la que le gustaba subirse antes del amanecer. La amplia repisa de piedra roja no había cambiado, como si aún le esperara. Y ese diseño que había estado haciendo con la pila de leña, un mandala a medio acabar que le gustaba mirar desde arriba. Más tarde, junto a los dibujos de adán, la actitud arrogante de dios fue derrotada momentáneamente por los retratos de animales. Acariciando melancólicamente un pedazo de carboncillo que nunca antes le pareció interesante, dios se acordó de cómo adán había buscado durante días árboles abiertos en canal por los rayos para cortar con su cuchillo las ramas negras. Tiene gracia ese sentimiento desaparecido. Ese sentimiento de dame espacio. *Fue entonces: en el espacio que les rodeaba, demasiado pequeño para la habitación. Y todo desaparecido. Gimiendo en el jardín vacío en un momento que dura hasta hoy, le todepoderose juró que nunca volvería a amar. Y las palabras del juramento eran hambruna, plaga, genocidio, inundación.*

Swear

And that's when god found themselves at pause beside eve's favourite sitting rock. The one they liked to climb before sunrise. The broad shelf of red stone was no different, as if it still expected them. And that pattern they'd been making with the woodpile, half-finished mandala they liked to watch from up high. Later, sitting heavily by adam's drawings, god's cavalier attitude was momentarily defeated by the animal portraits. Dabbing wistfully at a charcoal smudge which had never seemed that interesting before, god recalled the way adam had searched full days for trees opened by lightning so she could take her knife to the branches. Funny that gone feeling. That *give me space* feeling. Then – in the space looking around, too small for the room. And everything gone. Groaning in the empty garden in a moment that lasted till now, the almighty swore they'd never love again. And the words of the oath were famine, pestilence, genocide, flood.

Pareja feliz

Es cierto, claro, atendí a las metáforas;
Los hitos contra los que colapsé.
Ahí donde pareja feliz significaba cemento
Y besos, manoseos desesperados.

Y pronto, hasta el cuello de núcleo sólido
Me encontré contigo, a solas.
Seguras de que las cosas iban genial en casa
Allí guardábamos nuestro futuro, en cajas.

Nos fundimos en palabras y hechos;
Cosas que hacer, tachar, obtener.
Lo que las parejas hacían. Parecía sencillo.
No sabía de mi necesidad.

Hacía las cosas simples que se hacen
Porque se hacen. Y eso bastaba.
Creía que complicabas el amor
Al querer discutir siempre.

Los porqués y los qués pesaban.
No podía ser natural. Por favor
Simplemente sé natural. De rodillas
Para ser lo mismo que creía

Que eran los demás. Simplemente hazme real.
Así mi culpa se convirtió en tu carga

Happy couple

It's true, of course, I served the tropes;
The milestones collapsed against.
Where *happy couple* meant cement
And *kisses*, desperate gropes.

And soon, neck-deep in solid core
I found myself with you, alone.
Sure things were going great at home
We kept our future there, in store.

We cast ourselves in words and deeds;
Things to do, tick off, attain.
What couples did. It seemed so plain.
I didn't know that I had needs.

Just did the simple things one does
Because they're done. That was enough.
I thought you complicated love
By always wanting to discuss.

The *whys* and *whats* were heavy loads.
I never could be natural. *Please*
Just give me natural. On my knees
To be the same as I supposed

The others were. *Just make me real.*
My shame became your burden then

No distinguía lo que era fingido
No estaba allí. No podía sentir.

Y en este estado de tira y afloja,
De apuesta con la herida y la piedra escondida
Que destroza los dientes cuando la masticamos,
Lo que deseaba era rutina y aburrimiento.

Quería dar como los demás daban;
A ciegas, siempre. Más de una vez
Me quedé sin palabras, solo gruñía y refunfuñaba
Me resultaba demasiado pesado el esfuerzo.

Qué quería decir esta palabra, ¿Compromiso?
¿Estas vidas que se desvanecen? ¡No me dejes!
No cambies ni falles ni busques alivio
Ajusta la máscara y haz que encaje.

Abandonamos la norma asfixiante,
nuestra excavación, dolorosa, larga.
Primero una extremidad, los músculos fuera
Y después más, hasta que recobramos la forma.

Nos alejamos lo suficiente para volver y decir,
Salimos vivas. Hemos visto
La mentira arder. Empecemos de nuevo
Y hagamos esto para nosotras, a nuestra manera.

I couldn't tell what was pretend
I wasn't there. I couldn't feel.

And in this state of push and pull,
Of high stakes wounds and buried stones
That smash the teeth when chewing down,
I wanted things routine and dull.

Just wanted to give like they gave;
Blindly, always. More than once
My words ran out, to snarls and grunts
The effort being far too grave.

What did it mean, this word *Commit*?
These disappearing lives? *Don't leave!*
Don't change or fall or want reprieve
Just stretch the mask and make it fit.

We quit the suffocating norm,
Our excavation; painful, long.
First one limb, the muscles gone
Then more, until we regained form.

Ran far enough to turn and say,
We made it out alive. We've seen
The whole lie burn. Let's build it clean
And do this thing for us, our way.

También la juventud se fatiga y flaquea

Isaías 40, 30

Siento esperanza al pensar en la siguiente
generación. *Dijimos. Aquí los adultos.*
Con un eructo de satisfacción.
Aguarrás en un trapo contra la nariz. Emoción.
Una caja de pintores afanados en sus óleos.
Disfrutando un merecido empacho de pasta
mientras todo lo demás se arruina. Mira. La realeza
procreando de nuevo. Precioso. Mientras, la muerte
marca la faz de lo profundo. Haz una pila
con lo de tirar y otra con lo de guardar. Ordena
hasta que sientas tu habitación como un lugar
en el que puedes descansar. Tu santuario. Celébralo.

Míranos, deportistas contra corriente. Bronceados.
Adultos maníacos diseminando esperanzas. Seguro
que los críos lo arreglan. Mucho más atentos que
nosotros. *Pronósticos terribles. Casi seguro*
crecerán con la fuerza suficiente para restaurar la verdad.
Pobres desgraciados. No me extraña que no salgan a la calle.

Even the youths shall faint and be weary

Isaiah 40:30

*I feel hope when I think about the next
generation.* Said us. The adults here.
Without so much as a satisfied burp.
Turps on a rag held to the nose. Nice buzz.
A box of painters snaffling at the oils.
Enjoying a well-earned pasta coma
while everything else spoils. Look. The Royals
breeding again. Lovely. Meanwhile, death
marks the face of the deep. Make a pile
of things to throw and things to keep. Tidy
till your bedroom feels like a place where
you can sleep. A shrine to you. Applaud it.

Watch us, sporting in the riptide. Tanning.
Maniac adults peddling hope. Surely
the kids will sort it. *So much more on it
than we were.* Terrible odds. Almost certain
they'll grow strong enough to restore truth.
Poor sods. No wonder they don't go outside.

Viento en los árboles altos

me empuja
hacia arriba   me equilibra
desde abajo   y con un olor   más intenso
que la primavera cuando llueve siento cómo me lava   me lava las manos
en su hilo de agua y me lava el cuerpo empuja   el cielo
a través   de los árboles   y los árboles se mueven   como muchedumbres furiosas
con un propósito   mayor   que cada propósito
individual   perdido en   un momento   de unión   que no vale
más que la suma de todos los días   y
todas las noches   y todos   los momentos y además no hay nada
ningún sentimiento humano estas no son muchedumbres ni hombres altos con caras viejas
son el resultado de la luz solar y del agua rica en minerales y
de hablar   por turnos   y aún así sopla
a través de ellos inunda   el alto bosque
de   movimiento
toca todo el
coro como
los acordes
de un nuevo
tembloroso
poder pero
nada
importante
ocurre
es intrascendente
como el viento anoche la lluvia cayó tan fuerte
y durante tanto tiempo que me desperté sin ti y me vi atravesando
las paredes y saliendo a la lluvia para que me limpiara
arrastrada en el barro y la tierra hasta que la hierba brotara de mí en afilados estallidos
que no pueden esconder el erial de barro o la dureza de la piedra y me quedé ahí
regresando mientras en las copas de los árboles se inclinaban y se inclinaban

Wind in the tall trees

pushing me
upwards   balancing
me from   beneath   and   smelling it keener
than spring in the rain I can feel it washing   me washing my hands
in its thin spring and washing my body it pushes   the sky
through   the trees and the   trees move   like furious crowds
with a   purpose grown   taller than   each individual
purpose lost in a   moment of   union worth   nothing
less than the sum of all days   and
all nights   and all   moments and also there's nothing
no human feeling   these are not   crowds or tall men with old faces
these are the product of sunlight and water mineral rich and
speaking in   patterns and   still it blows
through them floods the   high forest
with   movement
plays the whole
chorus like
chords
a new
shaking
power but
nothing
important is
happening
inconsequential
as wind last night the rain fell so hard
and so long I woke up without you and felt myself moving
through the walls and out there into the rain to be washed away
thrashed into mud and earth until the grass sprouted up from me in jagged bursts
that can't hide the baldness of mud or the hardness of stone and I lay there
returning while up in the treetops they bowed and they bowed

El actor sueña en personaje

Casa y jardín; caja de herramientas, cortacésped.
Salir del trabajo a las 17:00 cada tarde.

Colegas en el bar los viernes.
En el fin de semana, arreglar el motor.

Niños que se desuellan las rodillas en la boda.
Todas estas cosas que no soporto desear, las deseo.

Juraría que había matado esos sueños
pero despertaron y aprendieron a perseguirme.

Todo se acabará pronto.
Casi todo me ha rechazado,

agarrado y follado ya como si no tuviera corazón.
Conviérteme en actor que se quita el maquillaje

y sale del teatro, no menos absorto
que un transeúnte. Deja que acabe esta actuación

pero la cirugía es real y mi vida entera una imaginación.
Se agotan las opciones

la apuesta empieza a agobiarme
entonces ¿cómo quedarme en equilibrio

The actor dreams in character

House and a garden; toolbox, lawnmower.
Job that I leave at 5.00 every evening.

Mates in the pub on a Friday.
Fixing the motor outside at the weekend.

Kids skidding on knees at the wedding.
All these things I can't bear to want, I want.

Could have sworn I killed those dreams
but they got up and learned to hunt.

All be over soon.
Not much left hasn't turned,

gripped me and fucked me like I had no core.
Make me an actor who takes off the makeup

walks from the theatre, no less absorbed
than a passer-by. Let me end this performance

but surgery's real and my whole life's imagined.
The options are thinning,

the stakes are beginning to press down upon me
so how to stay balanced

y caminar como si el mundo entero no estuviera ahí
para castigar las partes de mí a las que quiero complacer y matar?

Dame una vida, deja que sea marido y mujer
o al menos, agárrame fuerte hasta que el temblor cese.

Embute mi mente sombría dentro de mi cuerpo de nuevo.
Detén mi cerebro herido y haz que se calle.

Cierne tu sombra enorme y perfecta sobre mí
y llévame al fondo de la boca del deseo

donde no hay nada prohibido ni nada obligado
y dime que nunca seré como ellos.

and walk like the whole world is not out to punish
the parts of me I want to pleasure and kill?

Just give me a life let me husband and wife it
or at least, hold me tight till my shaking grows still.

Crush my grim mind back down into my body.
Slow my hurt brain up and make it go quiet.

Throw your big perfect shadow across me
and take me deep into the mouth of desire

where nothing's forbidden and nothing's required
and tell me I'll never be like them.

Nosotres

Dos peces sobre un plato
Abren los ojos

Us

Two fish on a plate
Open their eyes

Vuelo

Nuestras
manos se rozan

en los escalones

junto al escenario.

Saltan   chispas   como

pájaros   en vuelo

Conectamos.

Dos rutas convergen

hacen un camino.

Es   excitante   el comienzo   de un arrepentimiento

y directo.

Hago una señal

estoy   a punto de despegar

ella me hace ver que   está lista

para seguirme.

Es hora de cambiar

la dirección. Nos entregamos al ritmo.

Encontramos   un   bar.

Flight

Our

hands touch

on the steps

at the side of the stage.

The   sparks like   an   uprush

of birds taking   flight.

We connect.

Two routes converge

make a pathway.

The   beginnings of regrets   are   exciting

and direct.

I signal

I'm   about to take off

she signals she's prepared   to

keep pace.

It's time to change

direction. We lean into the rhythm.

Find   a   bar.

Orgullo

Orgullo paso a paso. Es relativo
he llevado mi vergüenza
como a una amiga borracha a rastras
por los días de mi vida.
Maldita disforia.

En una escala de No lo soporto *a* Orgullo
siento más orgullo que antes
pero menos del que me gustaría
de esta cosa hermosa
que hacemos cuando la hacemos.

Descubrir una tierra vasta
dentro de una respiración contenida,
súbito Edén.

Pero si tu orgullo es difícil
de entender. Variable
como el viento y tan ceñido
a tus hombros que tienes
que llegar al fondo para seguir
en pie, te quiero. Por
toda tu complejidad.

Todas tus heridas.
Todas tus esquinas rotas.
Todas las largas noches cuando
destrozaste el granito

Pride

Pride by degrees. It's relative
I've carried my shame
like a drunk friend dragged
through the days of my life.
Damn dysphoria.

On a scale of Can't-Bear-It to Pride
I'm more proud than I was
but less proud than I'd like
of the beautiful thing
that we make when we make it.

Uncover a vast earth
inside a drawn breath,
sudden Eden.

But if your pride is hard
to get hold of. As fickle
as wind and so tight round
your shoulders you have
to dig deep to keep
motion, I love you. For
all your complexity.

All your sore edges.
All your torn corners.
All the long nights when you
poured forth, split the dull granite

para que brotara el cuarzo. Tan cierto como
la mañana, pero anclado por
el mismo dolor que llegó
arrastrándose. No hay juicio. Solo
movimiento. Sigue caminando
hacia allí. Lo estás haciendo
bien. Estoy aquí para ti.

to raw quartz. Sure as the morning
but floored by the
same old ache that came
crawling. No judgement. Just
movement. Keep walking
towards it. You're doing
it right. I'm all for you.

Un rollo de ciento ochenta y tres noches

Seis meses desde que nos conocimos y ahora
Soy lo bastante mayor como para saber que si pudiéramos tenerlo,
No lo querríamos. Podría habernos arrasado
con el arado y salir, extasiades,
Al otro lado. Sorprendides. Desenredades.
Y conseguir, de algún modo, no volver a hablar

One hundred and eighty-three night stand

Six months since that night we met and now
I'm old enough to know if we could have it,
We wouldn't want it. Might have dragged the plough
Straight through each other and come out, ecstatic,
The other side. Surprised. Disentangled.
And managed not to speak again somehow

Recordatorio

Las mareas suben y bajan, observo
La vida es más corta de lo que era

No consigo portarme bien
Hago cosas de mierda porque solía hacerlas

Me enfrento al estallido
Se me cae la cara, mi cráneo es latón

La lluvia va y viene, yo espero
Tu consejo es: Medita

Dices: Inspira. Relaja las manos
Tu energía necesita atención

Espira. No frunzas el ceño
Tu energía carece de intención

Mi respiración es vidrio fundido
Y nada en esta vida durará

No hay belleza tan fuerte
Que nos aparte del pasado que devora

¿Quién no tiene uno o cuatro vicios
Para amortiguar la caída en momentos de estrés?

Cada día te soporto más y más
Pero lo siento menos y menos

Reminder

Tides pull in pull out, I watch
Life is shorter than it was

I can't make myself behave
I do these fucking things because I did them

I face the blast
My face drops off, my skull is brass

Rains blow in blow out, I wait
Your advice is *Meditate*

You say: *Breathe in. Unclench your hands*
Your energy needs attention

Breathe out. Unfurrow your brow
Your energy lacks intention

My breath is molten glass
And nothing in this life will last

There is no beauty strong enough
To keep us from the hungry past

Who doesn't have a vice or four
To break the fall in times of stress?

Each day I bear you more and more
But can feel it less and less

Cosas sencillas

No importa cuánto tiempo llevemos buscando desesperadamente el oro
O el pan
O nuestros cuerpos
O nuestros zapatos
O bonitas y brillantes casas, futuros, mentes o pantallas de televisión

Durante la miseria, la enfermedad
La traición
Durante el deseo y el malestar

Siempre había lluvia

Siempre había viento atravesando el centeno por la tarde
El silencio de la noche oscura
La luna ancha como un barco a través de los altos edificios
Y un amante a solas en la carretera

Siempre había un agujero en la tierra para los huesos
Y un trapo en un gancho en la cocina
Siempre se oía una canción tarareada junto al agua
Adolescentes riéndose de cosas que solo ellos entendían

Siempre había una nueva mañana clara, sobria y fresca como la colada
Llegaba despacio
La idea de quizá hoy

Siempre existía la gracia de un nuevo propósito
Siempre el rumor de niños durmiendo

Simple things

No matter how long we've been clucking for gold
Or bread
Or each other's bodies
Or each other's shoes
Or better brighter homes, futures, minds or television screens

All through the misery, sickness
The treachery
All through the want and the unrest

There was always the rain

There was always the wind through the rye in the evening
The silence of the deep night
The wide moon like a boat through tall buildings
And one lover alone on the road

There was always a pit in the earth for the bones
And a cloth on a hook in a kitchen
There was always a song being hummed by the water
Teenagers laughing at things only they understood

There was always a clean new morning, sober and fresh as the laundry
Coming up slowly
The prospect of *maybe today*

There was always the grace of a new
resolution Always the sound of the children

Respiración lenta, pesada como la confianza
Y lo que harías para protegerles

Siempre llegaba el cambio clave en la amistad probada
Siempre los gestos más antiguos que las palabras

Siempre la persona que abandonaba las ruinas
Mientras decía este es el camino, debo caminar

sleeping Slow breath as heavy as trust
And what you would do to protect them

There was always the key-change of friendship proven
Always the gestures older than words

Always the person leaving the ruins
Saying this is my way, *I must walk*

La imposibilidad de hacerlo

Antes escribía libros
Ahora escribo ojos

Ahora no escribo
Solo beso y tomo el desayuno

The impossibility of it

I used to write books
Now I write looks

Now I don't write
I just kiss and eat breakfast

Montaña

Triste como el frío cuando no toca, el forro mojado
Y cada vez más triste. Viento triste en la noche fría
Oscura como una ubre, que forcejea por liberarse.

Tiro piedras contra la superficie pero no se rompe
Demasiado fría para un nuevo comienzo. Vuelve.
Chuzos de punta. Coche parado ante el paso de los gansos.

En tropel como comadres de dibujo animado. Pavoneo y aleteo
Hacia la montaña que respira. Ambas esperamos
A nuestro modo que las cosas cambien. El grifo

No se cierra. Froto hasta que rompo el plato.
No entiendo cómo se hizo tan tarde
Estaba en mitad de la escena cuando empezaste a aplaudir.

Los recuerdos se quedan fuera. Ninguna posibilidad.
No hay una lechuza aquí no hay un caballo manchado,
No suena un disco, no hay baile lento.

Pelando zanahorias en pijama. La fuerza
De nuestra naturaleza está por todos lados. Por supuesto
Cuando hablo con las plantas son tus palabras las que digo.

Mountain

Sad as the wrong kind of weather, wet fleece
Getting sadder. Sad wind in the cold black
Night like an udder, pulling for release.

I throw rocks at the surface but it won't crack
Too cold for a new beginning. *Come back.*
Rain like nails. Car stalled for the slow geese.

They flock like cartoon aunties. Strut and flap
Towards the breathing mountain. We both wait
In our own ways for things to change. The tap

Won't turn off. I scrub till I break the plate.
I can't understand how it got so late
I was mid-scene when you started to clap.

Memories stand around outside. *No chance.*
There is no barn owl here no dappled horse,
There is no record playing, no slow dance.

Skinning carrots in pyjamas. The force
Of our nature is everywhere. Of course
It's your words I use when I speak to the plants.

Eres demasiado blando

Me levanto a las seis. Rezo. Calistenia. Hago la cama.
Languidezco por ser ese hombre fuerte, de cabeza aguerrida.
Quiero que me cuiden y me lleven. Que atiendan mis necesidades.
Por favor. Quiero que me alimenten. Solo quiero que me escuchen.
Quiero que alguien me repita mis propias palabras.
Mis pensamientos exactos. Expuestos una y otra vez.
A favor de un futuro audaz. Una muerte gloriosa.
A favor de una voluntad inflexible. Sentido común a la antigua.
Ya basta de quejas. Quiero tu fuerza.
Defiende algo. Ten principios.
El valor me sostiene. Soy lo que me preocupa.
Soy lo que me asusta. Por fin me has escuchado.
Días brillantes por delante. Estemos seguros del viaje.
Con paso glorioso marcharemos de vuelta a ninguna parte.

You're too soft

Up at six. Prayers. Calisthenics. Make the bed.
I wilt for the strong man, the valiant head.
I want to be cared for and led. Tend to my needs.
Please. I want to be fed. I just want to be heard.
I want to have my words repeated back at me.
My thoughts exactly. Spread and re-spread.
I'm for the bold future. The glorious dead.
I'm for unbending will. Old-fashioned good sense.
Enough of your moaning now. I want your strength.
Stand up for something. Have principles.
Courage sustains me. I am what concerns me.
I am what I'm scared of. At last you have heard me.
Bright days ahead. Let's be sure of the journey.
We'll march back to nowhere in glorious step.

El bucle

Duermo con el perdón, despierto con una condena.
Atrapade en el mismo bucle desde que era joven
Pero hasta los días así terminan.

Me comporto de modos que no comprendo.
No puedo asegurar de quién es la voluntad.
Duermo con el perdón, despierto con una condena.

A veces siento que fingir es más real.
El pasado se convierte en futuro. Me deja anestesiade.
Pero incluso los días como este se terminan.

Paseo por la costa, los juncos susurran y se doblan;
Todo es musgo y un sol cauto.
Duermo con el perdón, despierto con una condena.

Intenté cambiar por ti. Me intenté reparar.
Rompí el bucle y lo encontré de nuevo empezado
Pero hasta los días como hoy acaban.

Parece absurdo subir para volver a bajar.
Subo. La repetición pesa una tonelada.
Duermo con el perdón, despierto con una condena,
Hasta los días como hoy se acaban

The loop

Fall asleep forgiven, wake up condemned.
Been stuck on the same loop since I was young
But even days like this come to an end.

Behave in ways that I can't comprehend.
Can't really say for sure whose will is done.
Fall asleep forgiven, wake up condemned.

Sometimes it feels more real to just pretend.
The past becomes the future. Leaves me numb.
But even days like this come to an end.

I walk the coast, the reeds rustle and bend;
Everything is moss and cautious sun.
Fall asleep forgiven, wake up condemned.

I tried to change for you. I tried to mend.
I broke the loop then found it re-begun
But even days like this come to an end.

Seems pointless climbing up, just to descend.
I climb. The repetition weighs a ton.
Fall asleep forgiven, wake up condemned,
Even days like this come to an end

Las cosas que sé parte II

No sé nada

These things I know part II

I know nothing

Lo mejor es resistir a toda costa

Ser más fuerte para no salir huyendo
Quedarse aquí en el flechazo e intentarlo y respirar;
La fuerza es saber cuándo ceder, etcétera.
Arráigate y mécete con cada brisa.

Al menos eso es lo que me dicen, las hayas,
Y por un momento parece que tienen toda la razón.
¿Pero cómo es que ninguna está murmurando ideas
ni se arrodilla en busca de un descanso?

Best thing is to stick it out at all costs

Stronger not to push towards the exit
But stay here in the crush and try and breathe;
Strength is knowing when to bend, et cetera.
Root yourself and sway with every breeze.

That's what they tell me anyway, the beeches,
And for a time they seem completely right.
But how come none of them are slurring speeches
Or falling to their knees for some respite?

Hundimiento

A medio vestir, en la permanente
semidesnudez de este amor.
Instada en cualquier momento
a dejar lo que sea que tengo
en las manos. La maceta,
la taza, el boli,
la pasta.
Rituales de la mañana
interrumpidos por el
estallido de
nuestros cuerpos
al pasar.
Tu
humedad
como
un
terreno
pantanoso.
Deslumbrante
al
principio.

Antes

Sinking

Half-dressed, in the permanent
near nakedness of this love.
Called upon at any moment
to drop whatever's in
my hands. The pot,
the cup, the pen,
the toothpaste.
Morning rituals
broken by the
roaring of
our bodies
passing.
Your
moisture
like
a
bogged
field.
Startling
at
first.

Before

Túmulo megalítico alargado

sí sí sí sí giro
y todo gira y cuando necesito calma voy en busca de las piedras antiguas.
Nada más que   sedimentos apilados durante siglos,
miles de   años de inmovilidad,
callados como   deberíamos estarlo todos. En el montículo
de   piedras   viejas mirando la lluvia en el valle
pero aquí arriba la lluvia   no nos ha   alcanzado,
tendida sobre la roca   como una vida al sol
pero es gris como la   piedra, tumba para una tribu muerta
salvaje de nuevo, roca   arraigada de nuevo, búscame
cuando me esté cayendo,   saltando sobre piedras finitas
a través de un vasto desierto.   Me hundo
en la tierra en   busca   de equilibrio. Dame
una razón,   solo   una
para resistir   de pie o   quitarme de en medio déjame
caer. Miro   los árboles   los miro a la cara,
luz   a   través   del beso de las hojas,
sobre el montículo,   en el barranco,   en el río, en un hueco hecho de piedra
[antigua, acurrucada.

Megalithic long barrow

yeah yeah yeah yeah spinning
and everything spinning and when I need stillness I seek out the old stones.

Nothing but   sediment stacked up for centuries,

thousands of   years of unmoving,

Mute as we all   should. Up on the mound

with the   old   stones watching the rain in the valley

but up here the rain   hasn't   reached us,

laid out on the rock   like a life in the sun

but it's grey as the   stone, tomb for a dead tribe

wild again, rooted   stone again, find me

whenever I'm slipping,   skipping slim stones

across a vast desert.   Drive myself

into the ground   for   some balance.

Give me one reason,   just   one

to stay standing or get   out the   way let me

fall. I look up at   the trees,   staring into their faces,

light   through   the kiss of the leaves,

on the mound, on the cliff,   in the river,   curled up in a cup made of old stone.

Higo

Toda la noche despierta con él, mi deseo;
alguien que me pertenezca a quien inundar de placer.
Cada vez que huelo el sol dentro de un higo
o siento la succión del barro bajo mis pies descalzos,
entiendo el profundo deseo de pertenencia.
Dios, concédeme plenitud para poder amar.

Me avisaron: cuidado con los que necesitan amor;
incapaces de satisfacer sus propias necesidades,
buscarán cualquier compañía para pertenecer.
No harán más que poner condiciones a tu alegría,
asfixiarán tu espíritu, te vendarán los pies;
quieren exprimirte el jugo como a un higo pasado.

Alargo la mano hacia el higo,
Sale tan fácilmente. Pienso en el amor;
Cuánto deseo sentarme a sus pies.
Me preguntan con dolor, ¿Qué quieres?
Cuando pienso en su cara es una canción de pasión,
cada vez más, no puedo forzar la pertenencia.

Por fin había encontrado mi lugar; el lugar al que pertenecer;
exigiendo una inspección del higo.
El rosado de su carne, profundas hebras de alegría;
una imagen absoluta. La boca del amor.
Si pudiéramos tener lo que quisiéramos
en lugar de lo que nos hace sobrevivir.

Fig

All night I lie awake with it, my want;
someone of my own I could flood with joy.
Each time I smell the sun inside a fig
or feel the suck of mud beneath bare feet,
I know the deep desire to belong.
God grant me completeness, so I can love.

I was told – watch out for those who need love;
unable to provide for their own want,
they'll seek out any partner, to belong.
They'll only put conditions on your joy,
smother your spirit, bind you at the feet;
they want you juiced as an overripe fig.

I reach up my hand towards the fig,
It comes so easily. I think of love;
how deeply I long to sit at their feet.
They ask me, full of pain, *What do you want?*
When I think of their face it's a song of joy,
increasingly, I can't make it belong.

At last, I had found my place to belong;
exacting an inspection of the fig.
The pinkness of its flesh, deep strands of joy;
an absolute image. The mouth of love.
If only we could have the things we want
instead of what will keep us on our feet.

Te entiendo mejor por los pies;
solo en movimiento pertenecen.
Suela dura. Rítmica. Resistente al calor. No desean,
solo pasan los días. Tan natural como el higo
que cae en la hierba alta de nuestro amor,
su fuerte perfume gime en el aire como el placer.

Aquel verano, las cosas cambiaron, bullía la pasión.
Me quitaste los zapatos para acariciarme los pies.
Nuestra ternura era sinfónica, mi amor.
Vuelve a mi abrazo, donde perteneces.
Ahí arriba, en lo más alto, el último higo verde
resiste; acepta lo que es y no desea.

No quiero asfixiar tu deseo,
acurrúcate a los pies de esa higuera,
observa cómo se agita la respiración y entrégate al amor.

I understand you better by your feet; it's
only in movement that they belong.
Hard-soled. Rhythmic. Heat-proof. They do not want,
just pass the days. As natural as the fig
that falls into the long grass of our love,
its heavy scent moans in the air like joy.

That summer, things changed, I bubbled with joy.
You took my shoes off to caress my feet.
Our tenderness was orchestral my love.
Come back to my embrace, where you belong.
Up there, right at the top, the last green fig
holds on; accept what is and do not want.

I do not want to suffocate your joy,
just curl up in the feet of that great fig,
feel your breath rising and belong to love.

Hazlo por el placer

La línea en la arena es un trazo de tiza.
Un desprecio furioso había brotado de entre
las facciones, y la gente pasaba los días desdeñando
las creencias profundamente arraigadas de los demás. Las escenas
se sucedían como explosiones. Nuestro pánico retumbaba
como montañas. Nos decíamos que hablar de emergencia
era una estrategia elitista. O la locura histérica
de una secta del fin del mundo liderada por un adolescente.

Une adolescente miraba por la ventana de la cocina,
estudiaba las dos palomas que se habían posado
en el tejado de al lado, y sintió una pausa antigua.
Arrancade de sus quehaceres por los pájaros en reposo.
La bayeta sumergida en agua espesa hasta que
los pájaros levantaron el vuelo. Persiguiendo
al viento por los tiros de las chimeneas. Reliquias
de un Londres diferente. Extraño como el nuestro.

Do it for the joy

The line in the sand is a chalk outline.
A furious loathing had sprung up between
factions, and people spent their days sneering
at each other's deeply held beliefs. The scenes
passed in explosions. Our panic roared back
like hills. We told ourselves this talk of emergency
was an elitist ploy. Or the hysterical madness
of a doomsday cult led by a teenage child.

A teenage child gazed out of the kitchen window,
studied the two pigeons that had alighted
on next door's roof, and felt the ancient pause.
Plucked from their chores by the birds at rest.
Their washcloth submerged in thick water until
the birds fell upwards to flight. Chasing
the air through the chimney stacks. Relics
of a different London. Strange as our own.

Capullo

Gracias a dios en el suelo boca abajo sobre el cemento agradeciendo a la hermosa corriente profunda en la tierra por todo el dolor en mi alma y lo extraño en mi cuerpo porque significa que vivo, que crezco. Me vuelve de nuevo la idea del gusano, seguro que se lo has oído decir a amigues sobrios en tono serio, cómo incluso después de que su pequeño peludo magnífico cuerpo ha sufrido todo ese dolor, ese latido esa gloriosa metamorfosis, todavía tienen que luchar por salir de ese maldito capullo y joder luchan y luchan y luchan y aunque muches mueren de agotamiento algunes lo consiguen, algunes lo hacen y quienes lo consiguen, quienes atraviesan las paredes hacia la luz, quienes perseveran y traspasan el dolor de esa atadura, solo entonces, tras toda esa lucha, habrán desarrollado los músculos que necesitan para extender sus nuevas alas en el mundo. Sin esa lucha no pueden acumular la fuerza suficiente para volar una vez salen, y acaban por morir en el instante en el que llegan a la luz. Así que cada vez que veas una recuerda la fuerza con la que tuvo que empujar, ¿vale? Recuerda la fuerza con la que tuvo que luchar para pasarte volando hermosa como el verano ocupándose de sus asuntos

Cocoon

Thank god on the floor on my face on the concrete thanking the beautiful deep down current in the earth for all the pain in my soul and the freak in my body because it means I am living, I am growing. It comes back to me again about the caterpillar, I'm sure you've heard it said by sober friends in earnest tones, how even after their hairy little magnificent body has gone through all that pain, that pulsing, that glorious metamorphosis, they still have to fight their way out of the fucking cocoon and so fuck it they fight and they fight and they fight and even though loads of them die from exhaustion some make it out, some do and those that do make it out, those that break through the walls into the light, that do persevere through the pain of that binding, only then, after all that fight, will they have developed the muscles they need to spread those new wings, out there in the world. Without that fight they can't build enough strength to fly once they're out, and they would just die pretty much the very minute they got to the light. So, every single time you see one remember how hard she had to push ok? Remember how hard he fought to fly past you pretty as summertime minding his business

Absurdo

No importa con quién acabes, acabarás en el absurdo. Elle, desnude con un cuenco de agua caliente con infusión de tomillo y un delantal sobre la cabeza para la descongestión. Tú, pesadamente apoyade contra la puerta trasera y la mirada perdida. Se empieza con los amigues por ahí y paseos con el perro y salir a bailar, pero se acaba despojade, una forma borrosa a la vista de tus ojos cansados, tus gafas manchadas en la mano para poder llorar mejor. Su pequeña cabeza rapada es un cacahuete de franca confusión cuando te provoca con palabras de internet que no comprendes, hasta que al final, admites que todo lo que sufres es tu culpa y que hay una parte de ti que moriría esta muerte con cualquiera así que ¿por qué no morirla con esta persona? Por qué no aguantar con este ser humano loco, en lugar de desenterrar todo para volver a plantarte en un agujero paralelo.

Absurd

No matter who you end up with you'll end up in absurdity. Them, naked at a bowl of hot water infused with thyme, an apron over their head for their sinuses. You, leant heavily against the back door, staring out. It starts with friends round and dog walks and dancing but it all strips away to them naked, a fuzzy shape through tired eyes, your smeared glasses in your hand so you can cry better. Their small shaved head a peanut of raw confusion as they prompt you using internet words you don't understand, until at last, you admit that everything you suffer is your own fault and there's a part of you that will die this death with anyone so why not die it with this one? Why not stick it out with this insane human being, rather than dig it all up just to replant yourself in a parallel hole.

Un recuerdo tan fútil como cualquier otro

La primera noche en la casa de piedra
en la falda de la montaña
tuviste un mal sueño.

Me desperté con tu movimiento
y noté el oscuro
de la enclaustrada habitación de piedra.

Esa primera mañana
te despertaste antes que yo y abriste los postigos
y sentí cómo volvías a meterte en la cama.

Observamos el sol que lamía las hojas
y subía por las colinas
mientras el rocío humeaba desde la hierba.

Vale
dijiste
Me casaré contigo.

Coloco este momento
en un marco que he tallado
en la madera de la soledad bajo un cielo húmedo gris

nubes compactas maldicen
las aceras de Lewisham
y tengo tanto que aprender

de lo que una persona puede y no puede soportar.
Nos abrazamos hasta que los brazos duelen de abrazar.

As useless a memory as any other

The first night in the stone house
in the foothills
you had a bad dream.

I woke to your movement
and noticed the black
of the shuttered stone bedroom.

That first morning
you woke before me and opened the shutters
and I felt you climb back into bed.

We watched the sun lick through the leaves
and up over the hills
as the mist smoked up from the grass.

Alright
you said
I will marry you.

I place this moment
in a frame I have carved
from the wood of alone beneath a wet grey sky

tough clouds cuss
the pavements of Lewisham
and I have so much to learn

of what a person can and can't bear.
We hold till our arms ache from holding.

Hermano

Estaba en el agujero. Pero en lugar de cogerme del brazo y arrastrarme por los laterales mojados, montón a montón de barro, me quedé allí. Inerte. Incapaz de apagar el televisor por si mi cerebro. Y al final, cuando conseguí no estar borracha el tiempo suficiente me sentí capaz de arrastrar mis gigantescas y doloridas piernas por las escaleras y meterme en la cama donde me tumbé boca abajo y dejé la luz encendida. Olvidé que tenía amigos a los que podía haber llamado. Me olvidé de ti, mi hermano. Con tu cara despejada y tus profundas arrugas y tu cuerpo delgado y fuerte que huele a buena calidad y tu amable sonrisa de fumador y tu ropa holgada, recostado en tu silla con las piernas cruzadas por los tobillos y tus ritmos sonando a través de altavoces defectuosos cableados de forma complicada y tus gafas con una patilla medio rota por un tirón que le dio tu hija y tu barba enmarañada y tu boca que mastica lentamente y tus ojos entrecerrados, gelatinosos por el ardor diario. Olvidé que podría haber caminado las millas grises hasta tu estudio y haberme puesto en manos de nuestra infancia otra vez y decir hermano estoy en la mierda y sentir tu profunda sabiduría tu salvaje rabia tus seguras manos marrones agarrándome del hombro diciendo golpes a mansalva *o algo así.*

Brother

I was in the pit. But instead of taking myself by the arm and guiding myself up the wet sides, one impossible handful of mud at a time, I just lay there in it. Dead. Unable to turn off the TV in case my brain. And eventually when I had managed to not be drunk for long enough I did find myself able to drag my huge and aching legs up the stairs and put myself to bed where I lay on my face and kept the light on. I forgot I had friends I could have called. I forgot about you, my brother. With your wide open face and your deep wrinkles and your thin strong body that smells of high grade and your kind coughing smile and your baggy clothes, leaning back in your chair with your legs crossed at the ankles and your beats playing through glitchy speakers wired in complicated ways and your glasses with one arm falling off from where your daughter pulled them apart and your tangled beard and your slow chewing mouth and your eyes half closed, gelled from the daily blaze. I forgot I could have just walked the grey miles to your studio and put myself in the hands of our childhood again and said brother I'm low and felt your deep wisdom your wild anger your safe brown hands clutching my shoulder saying *punches in bunches* or something like that.

Elecciones

¿Qué tal se te da no hacer algo cuando
te dices no lo hagas? ¿De verdad? ¿Cuánto
te cuesta regresar del
borde del precipicio? Dios mío,
es mucho más fácil saber qué es lo mejor
que hacer lo mejor. Quiero decir. Mira cómo te empuja.
Un millar de pequeñitos forzudos dentro del pecho
tirando de la cuerda y aguardando la caída.
Un día, querré las cosas que me hieren menos.
Sí. Que esto me calme. Haré ruidos aburridos.
Me entretendré con montajes a cámara lenta.
Grandes conceptos. Estaré de puta madre.
Cuando en realidad, es en las elecciones pequeñas.
En la decisión. O la indecisión.

Choices

How good are you at not doing it when
you tell yourself not to? Really? How hard
do you find it to drag yourself back from
the edge of the precipice? My lord,
it's so much easier to know what's best
than to do what's best. I mean. Feel that pull.
A thousand tiny strongmen in my chest
stretching the rope and expecting the fall.
One day, I'll want the things that wound me less.
Yes. Let it soothe me. Make dull noises.
Indulge in slow motion montages.
Grand concepts. Myself in mint condition.
When actually, it's in the small choices.
It's in the decision. Or the indecision

Flechazo

Te percibo como a una amenaza.
Como un peligro que acecha
que aún no ha ocurrido.

Te percibo como a un cambio.
Como algo que llega
que no ha tenido que envejecer.

Te deseo como a un final.
Como cuando estoy en lo más bajo
y no puedo comprender.

Me marcho. Conduzco durante horas.
Hasta que los árboles se rinden ante el precipicio
que la ola devora.

Duermo en el coche,
el clima como en una película mala,
y me pregunto dónde estarás.

Trato de aclarar mi cabeza
pero detrás de cada puerta
encuentro mi necesidad de guía,

tu cara recortada.
El viento contra la ola que rompe,
te percibo como una amenaza.

Crush

       I feel you like a threat.
Like some danger on the move
that hasn't happened yet.

       I feel you like a change.
Like something coming
on that hasn't had to age.

       I want you like an end.
Like when I'm at my weakest
and I cannot comprehend.

       I leave. I drive for hours.
Until the trees surrender to the cliff
the wave devours.

       I sleep out in my car,
the weather like a trashy film,
and wonder where you are.

       I try to clear my head
but behind every door
I find the hunger to be led,

       your face in silhouette.
The wind against the breaking wave,
I feel you like a threat.

Cuanto más sabes menos sabes :‖

Obtenemos nuestra frágil posición
De nuestro trabajo. Pero el coste

De la educación de toda una vida
Es el blanco de la página

The more you know the less you know 𝄇

We gain our fragile station
From our labour. But the wage

Of a lifetime's education
Is the blankness of the page

Nuevo orden mundial en línea
para mayor facilidad

Lo más probable es que no haya manera de volver atrás.
Las zapatillas de estar por casa se despiertan por la noche.
Con medio cuerpo dentro y medio fuera del precipicio.

Las interacciones sencillas son lucha o huida
Como si las reglas se cumplieran o existieran de verdad.
Todos sabemos lo que ha pasado. Está bien tener razón.

Brindo por ello. Nada está claro salvo la bruma.
Etiquetamos nuestras manías en nuestro perfil. Asombrados
por el aburrimiento de la vida en el abismo.

Somos una farsa colectiva. Justa recompensa
por nuestro sufrimiento. Describiendo un meme
Que vimos por casualidad. Deslizando cuando estábamos aburridos.

Recordando posts como si fueran sueños.
Opiniones invasivas. Impacto constante.
Tan absorbente, contemplar la marea.

Directo al cráneo desde la tablet. PIENSO QUE
YA ESTABA TODO ANUNCIADO. No te olvides de enviar.
La vacuna no es un contrato satánico.

La marca de la bestia que señala el final
No será implantada en nuestra muñeca.
Está ya en tu bolsillo, colega.

New world order online
at your convenience

Most likely, there is no way back from this.
Good sleepers find themselves awake at night.
Lying half on, half off the precipice.

Simple interactions are fight or flight
As if rules apply or even exist.
We all know what's gone on. Nice to be right.

Here's to it. Nothing is clear but the mist.
Tagging our kinks in our profiles. Awed
By the dullness of life in the abyss.

We are a collective farce. Just reward
For our suffering. Describing a meme
We saw by chance. Scrolled past when we were bored.

Remembering posts like things from a dream.
Intrusive opinions. Constant impact.
So absorbing, to gaze into the stream.

Direct to skull from tablet. *I THINK THAT
IT WAS ALL FORETOLD*. Don't forget to send.
The vaccine's not a satanic contract.

The mark of the beast that signals the end
Will not be implanted into your wrist.
It's in your pocket already, my friend.

La mañana

Presiono la oreja contra el teléfono para oír cómo tus labios
se separan una y otra vez. Tu piel es el día que llega,
tus ojos las brasas de la noche anterior. Te gusta cuando
te pongo de boca contra la pared. Estallidos
mañaneros de luz vertiginosa atraviesan tu pelo rizado.
Tus mejillas se sonrojan con los gemidos y la puerta
de la ducha cerrándose, diciendo la vida es una oportunidad para hacer.
Todo se ha hecho antes. Lo hacemos nuevo

Morning

I press my ear against the phone to hear your lips
part and re-part. Your skin is the coming day,
your eyes last night's embers. You like it when
I stop your mouth against the wall. Morning
blasts of giddy sunlight through your curling hair.
Your cheeks flushed with moaning and the shower
slamming down, saying *life's a chance to do*.
It's all been done before. We make it new

Amie

Belleza temprana. Fuerte sol. Agua oscura.
Alegre como las nubes. El olor verde de la lluvia que llega.
Hablando bajito conmigo sobre el mostrador,
Dedos en mis sienes. El tren traquetea
Sobre nuestras cabezas, empuja su carga
Por nuestro puente. Nos apoyamos en el grano.
Hago un mapa de planetas con tus pecas. Nuestro beso
Es más basto que lo que sus bordes pueden contener.

Belleza montañosa. Tan llena como el río.
Vieja como Londres. Lenta como el movimiento de la luz.
Vieja como cada sueño ahogado en esa agua.
Acompáñame por el puente hacia la noche.
Muéstrame mi ciudad como no la he visto nunca.
Me haces ser alguien que deseaba ser:
Girando por esta sucia ciudad noto
cómo abre su boca sucia y me sonríe.

Quiero cantarte canciones antiguas. Profundizar.
Quiero llevarte donde comenzaste,
Encontrar los retazos de ti que escondiste en secreto
Y traerlos de vuelta a la vida bajo mi lengua.
Aquel día me planté ante ti bajo la lluvia,
El Támesis una tirada de dados, una palabra con cuidado.
El repentino aguacero vino como si dijera
Que hiciéramos lo que hiciéramos, sería escuchado.

Amie

Early beauty. Heavy sun. Dark water.
Glad as clouds. The green smell of coming rain.
Talking softly with me at the counter,
Fingers at my temples. The pounding train
Above our heads, pushes its electric
Across our bridge. We lean into the grain.
I map planets in your freckles. Our kiss
Is vaster than its edges can contain.

Mountain beauty. As full as the river.
Old as London. Slow as moving light.
Old as every dream drowned in that water.
Walk me across the bridge into the night.
Show me my city like I've never seen it.
You make me someone I have longed to
be: Spinning round this dirty town I feel it
Open its dirty mouth and smile at me.

I want to sing you early songs. Go deeper.
I want to take you back where you began,
Find the scraps of you you hid in secret
And bring them back to life beneath my tongue.
I stood before you in the rain that day,
The Thames a rolling dice, a careful word.
The sudden downpour came as if to say
No matter what we did, it would be heard.

Dar y tomar

Volvió a cuidar a la bestia. Por amor.
Lo vio así: al menos no puede ser peor
de lo que fue. Así que empacó sus cosas.

Sin caballo ni carro. Ni coronas de flores alrededor del coche fúnebre.
Solo una caja de madera y una lata de cerveza negra.
Rebuscaba en sus manos como en un monedero vacío.

Murió como vivió. Una pesadilla. Devota.
Rápida para decirle que iría al infierno.
Solía culparla. Ahora no tiene duda

de que la culpa y la ira hacen que una persona crezca.
Se juró a sí mismo, cuando el cuerpo se descomponía,
que no viviría ese veneno, que estaría bien.

Aguanta, a pesar de lo que lo ahoga
Abrumado, aun así, supera el día.
Y sí, continúa. Se queda con su bata.

Siente que es frío extrañar a una persona a la que odió
tanto tiempo. Regresa a él, toda gris
en sus sueños. Pudriéndose. Desintegrada.

Ella le pedía que terminaran. Lo patético.
El alma atrapada en una carne soliviantada. ¿Y si
le subiera la dosis, y se la quitara de en medio?

Give and take

He went back to nurse the brute. For love.
He saw it like – at least it can't get worse
than what it was. And so he packed his stuff.

No horse and cart. No wreaths lining the hearse.
Just a wooden box and a can of stout.
Kept searching his hands like an empty purse.

She died as she lived. A nightmare. Devout.
Quick to tell him he was going to hell.
He used to blame her. Now he has no doubt

that blame and anger make a person swell.
Swore to himself, as her body broke down,
he would not live that poison, but be well.

He holds on, despite what would have him drown.
Overwhelmed but still, he gets through the day.
It does go on. He keeps her dressing gown.

Feels cold to miss a person that he hated
for so long. She comes back to him, all
grey in his dreams. Rotting. Disintegrated.

She begged for an end to it. Grim display.
The soul trapped in mutinous flesh. What if
he could up the dose, get out of the way?

Bebes, gritas, limpias, te dueles, vives.
Das en la medida de lo posible.

***

La vida es una transacción, decía. ¿Qué es justo?
Nada. Si lo quería lo birlaba
y lo que no podía robar lo conseguía en otro lugar.

Empezar de cero es para quien se lo pueda permitir,
de lo contrario son las pequeñas cosas. Conformarse
con mirar por la ventana. Quién se contagió

de quién y cómo se está transmitiendo. Se cansó
de hablar sobre lo que había salido mal.
No tenía paciencia para eso, también le dijo ella.

Si puedes aguantarla, la vida es larga.
Cuanto más has soportado, más puedes soportar.
Así es como una persona averigua si es fuerte.

Se apartó de ella. Paró. La dejó allí.
Ella no le dio la espalda. Él le dijo,
no puedo estar cerca de ti. No quiere decir que no me importe.

Bendito sea, pensó ella. Él no ve que el hilo
que arrastra por la vida lo conduce de nuevo a ella.
Ojalá simplemente desear que le arrancaran el cerebro de la cabeza.

You drink, you shout, you clean, you ache, you live.
As much as it is possible to give.

***

Life is a transaction, she said. What's fair?
Nothing. If she wanted it she chored it
and what she couldn't steal she got elsewhere.

Fresh starts are for those who can afford it,
otherwise it's the little things. Make do
with watching out the window. Who caught it

off of who and how it's getting round. Grew
tired of him on about what had gone wrong.
No patience for all that, she told him too.

If you can put up with it, life is long.
The more that you've borne, the more you can bear.
That's how a person learns if they are strong.

He cut her off. He stopped. He left her there.
She didn't turn her back on him. He said,
can't be around you. Don't mean I don't care.

Bless him, she thought. He doesn't see the thread
he carries through his life leads back to her.
He can't just wish the brain out of his head.

Pero a menudo ella percibía su silueta, un borrón oscuro
que se movía por detrás, tan lento como un lago.
Ella se limpiaba las gafas, removía el té. Volvía a remover.

La lluvia, las cañerías, las largas noches en vela.
Todo lo que le fuera posible tomar.

She often sensed his outline though, dark blur
moving behind her, as slow as a lake.
She'd clean her glasses, stir the tea. Re-stir.

The rain, the pipes, the long nights spent awake.
As much as it is possible to take.

Canción de amor para reinonas, marimachos, butches, daddies, maricas y el resto de angelitos

Alguna vez te has sentido mal. Tan mal, tanto que por favor arráncame el cuerpo y no me mires nunca, de hecho, no me toques. Me gustas, no es eso.

Son estas caderas este pecho estas cosas que tengo, no son mías y me hacen estremecerme cuando me tocas. No. No es que no me guste, pero por favor no puedes entenderlo.

Quiero matarlo. Todo esto. Y las cosas que no puedo ser son malas son una herida y no puedo. Pero lo que ella oía no era nada de esto solo el silencio.

Mi cabeza se apartaba de la suya y yo podía sentirla ¿Soy yo? No estoy haciendo, pero no tenía lengua entonces ni nunca, no podía decir las palabras de verdad.

Lo que tenía era lo que no tenía ni podía ser. Ni siquiera sabía las palabras y además cada vez me reía miraba me aejaba de en la fiesta.

Toda esa vergüenza y suciedad por dentro que te endurece aún más. Pero a ella siempre se le dio bien esa parte. Esa parte de mí que era, que no era.

Que no podía respirar si no podía tocarla y hacer ¿y cómo ha sido para ti estar bajo su enfermedad toda tu vida?
[...

Su enfermedad que dice chicas y chicos y caballero y señorita y también de ella y de él y el resto de palabras violentas que significan algo que tú no, que tú no eres, no puedes. Sí, sonríeles.

Enderézate, haz lo que puedas si puedes, ahuécate el pelo o ponte otra ropa o sonríe, está bien no puedo. Aun así lo hacía nunca pude. Lo intenté. De verdad lo intenté. Siento no haber

Love song for queens, studs, butches, daddies, fags and all the other angels

Ever felt wrong. Like so wrong, like please just cut my body
off and never look at me in fact don't touch me. I like you
it's not that.
It's these hips this chest these things on me, they aren't mine
and they make me flinch when you touch me. I don't. It's
not that I don't like, but please you can't understand.
I want to kill it. All these parts. And the things that I can't be
are bad they are a wound and I can't. But what she heard
was none of this just silence.
My head turned away from hers and I could feel her is *it me?
am I not doing* but had no language then or ever, could not
speak the real words.
All I had was what I didn't have and couldn't be. I never even
knew the words and plus each time laughed at looked at
moved away from in the party.
All that shame and dirt inside that makes you even harder.
But she was always good to that part. That part of me that
was, that wasn't.
That couldn't breathe without her there to touch and make
and how is it for you to have been underneath their
sickness your whole life?
Their sickness that says girls and boys and sir and miss and
also hers and his and every other violent word that means
not you, you're not, you can't. Yeah smile for them.
Straighten up do what you can if you can, fluff your hair or
different clothes or smile that's fine I can't. I used to though
I never could. I tried. I really tried. I'm sorry that I wasn't

estado para ti. Me avergonzaba de mí. Me avergonzaba del tú en
mí que la gente veía
cuando veían bollera y pecado y mal. Y todas las cosas feas que
veían.

Yo solo quería estar en el equipo ganador. Me gustaba la sensación
de caminar con hombres fuertes. Heteros y aburridos y pequeños
en sus ambiciones y crueles con los demás.
Me reía con ellos. Casi me gustaba. Ahora lo veo. No eran fuertes.
Como si pudieran serlo.
¿Pero tú? Tú eres le más fuerte entre nosotres. Atreviéndote como lo
haces a vivir. Totalmente como eres. Mientras los demás nos
hacemos

pedazos por lo que no soportamos admitir que acarreamos. Todo el
sombrío mundo restringido o que restringe. Fingiendo que el
vacío no se ha desplegado y les ha vomitado.
No les contiene. Te oigo susurrar cariño no huyas del deseo
tanto tiempo o te convertirás en piedra.
   [...
Acabarás enfadade y rompiendo lo que se te ponga delante.
   Por favor. Abrázame, ser humano increíble,
con ese pecho fuerte y esos ojos como rezos, bésame y dime que no es
   demasiado tarde. Llámame guapo, llámame chico, porque tú sí
   lo ves. No tengo que decirlo.
En aquel momento no sabía cómo caminar a tu lado. Eras
   demasiado hermosa para mí. Demasiado audaz. Tus colores
   brillaban tanto que yo me difuminaba, aunque, gracias a dios
por fin sabía que me había visto a mí misme y había encontrado a
   mi gente, mis hermanes. Todavía había demasiadas cosas
   atrapadas dentro de mí para bailar.

there for you. I was ashamed of me. I was ashamed of the
    you in me that people saw
when they saw dyke and sin and wrong. And all the ugly
    things they saw.

I just wanted to be on the winning team. I liked the feeling of
    walking with strong men. Straight and boring and small in
    their ambitions and mean to other people.
I laughed along. I almost liked it. I see it now. They were not
    strong. As if.
But you? You are the strongest ones among us. Daring as you
    do to live. Wholly as you are. While the rest of us go
    straight

to pieces for what we can't bear to admit we carry. The whole
    grim world restrained or restraining. Pretending the void
    has not unfurled
has not hurled them down. Does not contain them. I hear you
    whisper *honey don't run from desire so long it'll turn you to
    stone.*
You'll only end up angry and breaking whatever you can. Please.
    Put your arm around me, you stunning human, all made up
with that strong chest those eyes like prayers, kiss me and tell
    me it's not too late. Call me handsome call me boy,
    because you see it. I don't have to say.
I didn't know back then how to walk with you. You were too
    beautiful for me. Too bold. Your colour was so bright I
    faded out, even though, thank god
I knew at last I'd seen myself and found my people, my own
    siblings. There was still so much in me too locked up to
    dance.

La verdad es desagradable. Tenía miedo de no ser como tú tampoco.

*Lo tenía todo dentro, me lo puse y follé en secreto. Créeme sé lo que
es estar vive, pero lo ahogué en normalidad.
[...*
Me lancé al trabajo.
Vida agradable y tranquila.
*Este esfuerzo solemne agotado. Fingimiento sin fin. Por la
aprobación de la gente que nos desprecia.*
Seguir las reglas que nos dañan.
Alcanzar una felicidad que nos matará.

*Pero cada vez que me colocaba rollo colocón llevado al límite, rollo
no hay vuelta atrás, rollo*
*pérdida del habla, pérdida de la coordinación motora de las
neuronas rollo después de no dormir tres noches para qué, para
no poder volver para tomar ácido por la mañana.*
*Y la noche siguiente, era de día, y siempre era lo mismo, puntual
como los trenes. Salir a jugar. Mi profundo profundo deseo mi
profundo profundo tren del deseo y me tiraba*
*de cabeza a las vías, destruide por mi deseo, la pesada pesada
belleza de mi necesidad de ti cuando le daba la espalda, por ti a
quien trataba tanto de no parecerme. Por ti.*
*Mi gente. Mi hermosa gente. Mi hermosa gente trans, natural como
la vida.*
Perdonadme por no haber estado en vuestro amor antes.
*He tenido tanto frío sin vosotres. Ojalá haber pasado todos estos
años en vuestros brazos y cerca de vosotres*
*y dejar que me raparais la cabeza y me dierais una palmada en la
espalda y me tomarais bajo vuestras alas suaves y pelearais
conmigo cada vez que me tocaba pelear y me enseñarais cosas
que tenía que aprender sole.*

The truth is ugly. I was scared I wasn't like you either.

I had it all inside, I strapped it on and fucked in secret. Trust
    me I know what it is to be alive, but I smothered it in
    normal.
Threw myself into my work.
Nice quiet life.
This solemn effort expended. Unending pretence. For the
    approval of people that despise us.
To abide by rules that hurt us.
To achieve a happiness that will kill us.

But every time I got high as in pushed myself up to the limit
    of high, like no way back that kind like
losing language, losing motor neurone coordination like after
    up three nights for what, for no way back for acid in the
    morning.
Then the next night, was it day, there it was always the same,
    regular as trains. Out to play. My deep deep want my deep
    deep train of want and I went down
straight under, crushed by it, the heavy heavy beauty of my
    need for you who I turned my back on, for you who I tried
    so hard to not resemble. For You.
My people. My beautiful people. My beautiful trans people,
    natural as life.
I'm so sorry I was not in your love sooner.
I have been so cold without you. I wish I'd spent all these
    years in your arms and close to you
and had you shave my head and slap my back and take me
    under your soft wing and fight with me each time I had to
    fight and teach me things I had to learn alone.
    [...

Y cuando oigáis esto, sabéis quiénes sois, aceptadme, por favor
aceptad mi amor.
Os amo. Estoy aquí.
Puede parecer que estoy lejos, no ahí justo a vuestro lado porque el
escenario la pantalla la página.
Estoy.
Estoy justo ahí, junto a ti.

And when you hear this, you know who you are, accept me
  please accept my love.
I love you. I am here.
It might feel like I'm far away, not with you right up close
  because the stage the screen the page.
I am.
I'm right beside you.

Índice